如诗如画的中国

上海

段张取艺 —— 著绘

中信出版集团 | 北京

图书在版编目（CIP）数据

如诗如画的中国. 上海 / 段张取艺著绘. -- 北京：中信出版社, 2024.7
ISBN 978-7-5217-6652-3

Ⅰ.①如… Ⅱ.①段… Ⅲ.①中国历史–儿童读物②上海–地方史–儿童读物 Ⅳ.①K209②K295.1-49

中国国家版本馆CIP数据核字（2024）第107297号

如诗如画的中国：上海

著　　绘：段张取艺
出版发行：中信出版集团股份有限公司
　　　　　（北京市朝阳区东三环北路27号嘉铭中心　邮编　100020）
承 印 者：北京联兴盛业印刷股份有限公司

开　　本：889mm×1194mm　1/12　　印　张：$4\frac{1}{3}$　　字　数：59千字
版　　次：2024年7月第1版　　　　　　印　次：2024年7月第1次印刷
书　　号：ISBN 978-7-5217-6652-3
定　　价：40.00元

出　　品：中信儿童书店
图书策划：小飞马童书
审读学者：左骏
总 策 划：赵媛媛
策划编辑：张婷
责任编辑：孟莹
营　　销：中信童书营销中心
封面设计：刘潇然
内文排版：李艳芝

版权所有·侵权必究
如有印刷、装订问题，本公司负责调换。
服务热线：400-600-8099
投稿邮箱：author@citicpub.com

前言

一说起历史，就感觉是要讲述一些宏大的命题，是故纸尘封的典籍史册，是征战杀伐的血色黄昏，是钩心斗角的朝堂之争，也是运筹帷幄中的大国角逐。这样的故事诚然精彩跌宕，却不是我们想要书写的方向。我们想抛却以国家或朝代为切入点的叙事方式，把视线转向我们居住的城市，以一座城的故事来回望历史。

曾经，这里只有一座小山村。慢慢地，村子越来越大，变成了镇。随着时间的推移，镇继续扩大为城。这也就有了我们的故事主角——城市。斗转星移，城市有兴有衰，繁盛时人声鼎沸、热闹非凡，衰落时断壁残垣、荒草丛生。在这兴衰交替中，每座城市的故事独立成篇，各不相同。而相同的是，它们的故事一样精彩，一样引人入胜，也一样荡气回肠。

上海，在漫长的历史长河中长时间默默无闻。这里，没有怀柔天下、宾服四海的盛世王朝，也没有金戈铁马、气吞万里如虎的动人传说。然而它凭借着滚滚长江向东入海的地理优势，迅速成长，仿佛积聚了上千年的能量在一瞬间爆发——从一座普通小城到国家级乃至世界级的中心城市，这颗"东方明珠"闪耀出令世界目眩神摇的璀璨光芒。

城市的故事如诗，城市的变化如画。在这片与我们血脉相连的土地上，一座座美丽的城市正谱写着一个个动人篇章。这就是我们要讲述的城市的故事。

张卓明

2024 年 5 月

上海是中国四个直辖市之一。作为一座近代兴起的城市，上海有着深厚的近代城市文化底蕴。从海边县城崛起为享誉世界的东方魔都，这座城市仅用了百年的时间，然而这片土地的故事却早在千年前便已经展开。

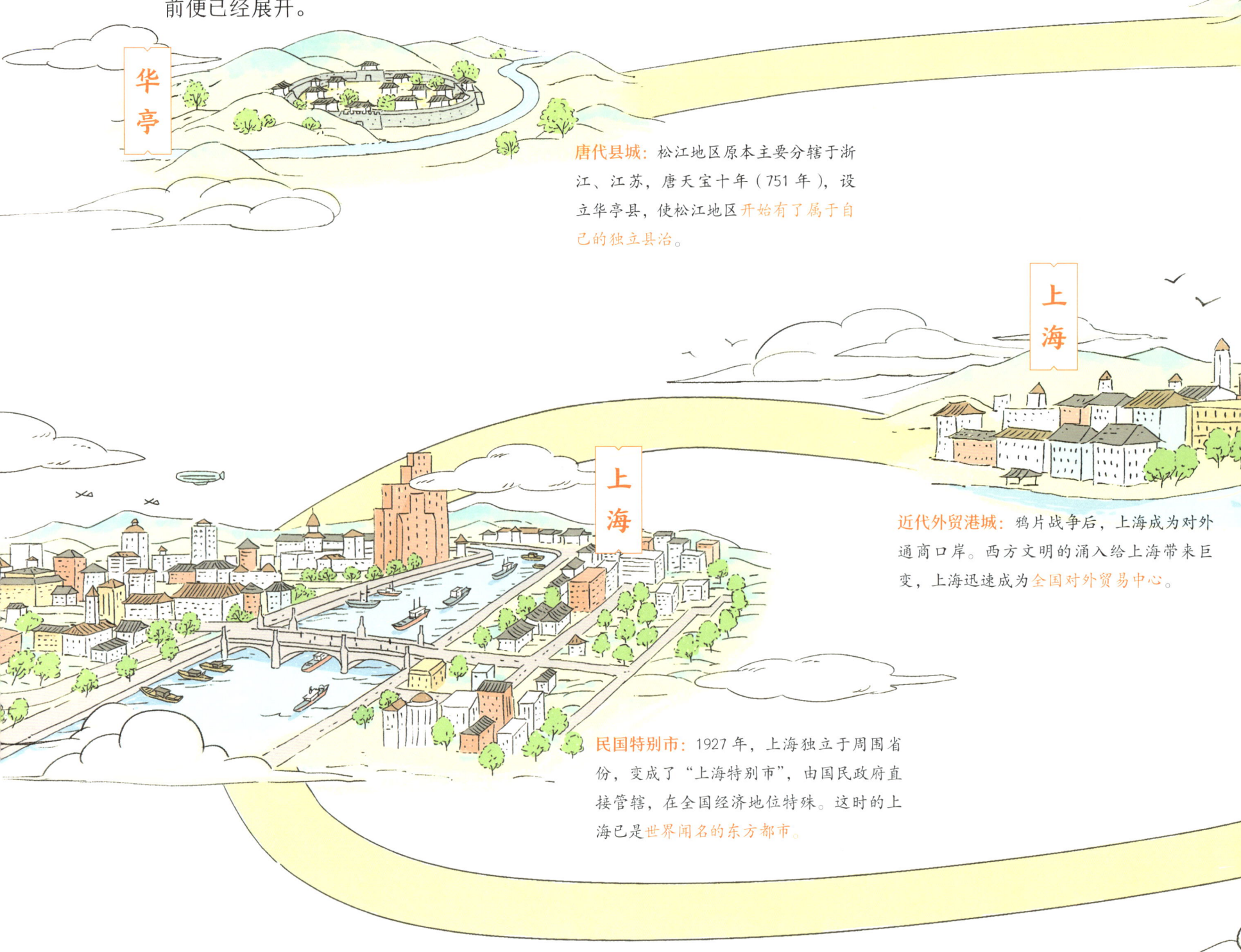

华亭

唐代县城：松江地区原本主要分辖于浙江、江苏，唐天宝十年（751年），设立华亭县，使松江地区 开始有了属于自己的独立县治。

上海

近代外贸港城：鸦片战争后，上海成为对外通商口岸。西方文明的涌入给上海带来巨变，上海迅速成为 全国对外贸易中心。

上海

民国特别市：1927年，上海独立于周围省份，变成了"上海特别市"，由国民政府直接管辖，在全国经济地位特殊。这时的上海已是 世界闻名的东方都市。

上海变迁简史

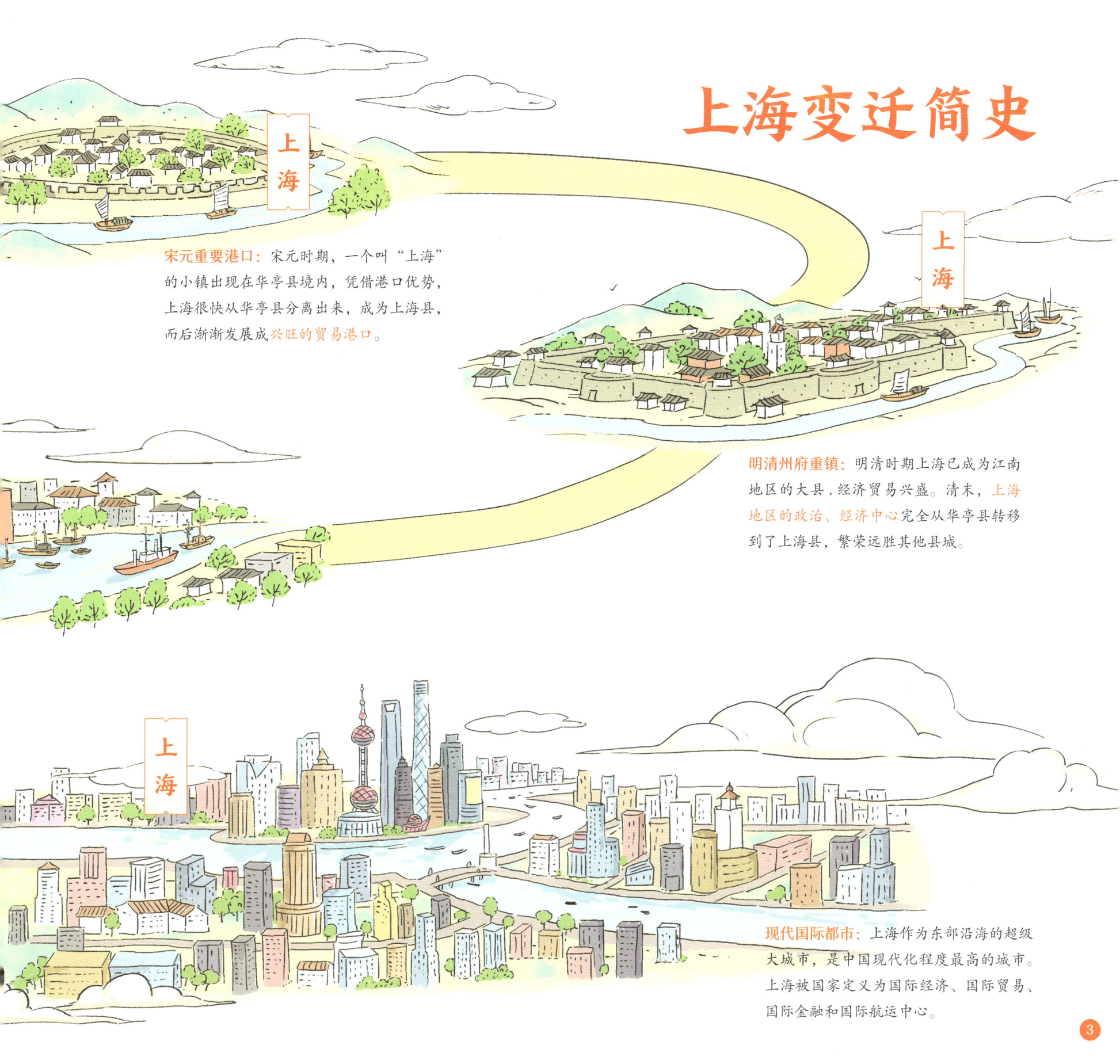

宋元重要港口： 宋元时期，一个叫"上海"的小镇出现在华亭县境内，凭借港口优势，上海很快从华亭县分离出来，成为上海县，而后渐渐发展成兴旺的贸易港口。

明清州府重镇： 明清时期上海已成为江南地区的大县，经济贸易兴盛。清末，上海地区的政治、经济中心完全从华亭县转移到了上海县，繁荣远胜其他县城。

现代国际都市： 上海作为东部沿海的超级大城市，是中国现代化程度最高的城市。上海被国家定义为国际经济、国际贸易、国际金融和国际航运中心。

古代上海

上海，古时别称"沪"或"申"，最早是长江下游入海口的小聚落。宋代，关于"上海"的记载才开始出现在史书中。很长的时间里，上海都是一座缓慢发展的海边小县城，直到明清时期，上海地区的江河得到治理，航船条件大大改善，凭借着改良后的水运优势，上海迅速成为江南地区重要的港口。

思吴江歌

〔西晋〕张翰

秋风起兮木叶飞,吴江水兮鲈正肥。
三千里兮家未归,恨难禁兮仰天悲。

这首诗讲的是作者张翰在洛阳做官时,思念家乡美食鲈鱼脍的情形。吴江即吴淞江,流经苏州和上海,鲈鱼脍是吴淞地区有名的美食。后来张翰用"想念家乡的鲈鱼和莼菜"为由罢官回乡,后世文人便常用"莼鲈之思"来表达归隐之志。

最初的上海地区

很久以前，如今的上海还处在大海之中。距今六千年左右，长江的泥沙与海水带来的贝壳在长江三角洲沿岸堆积，形成了贝壳沙带海岸，俗称冈身、沙冈。后来，在冈身东、西两面渐渐有了人类活动。这一地区被称为古松江地区。

历史小百科

相传战国时期上海地区为楚国春申君的封地，所以上海别称"申"。晋朝时期，上海先民使用一种叫"滬"（沪）的捕鱼工具打鱼，因此上海又称"沪"。

圈出一个华亭县

唐代，地方政府在这里兴修了海塘、河堤等一系列水利设施，把原来的沼泽荒地都开发成了农田，这里慢慢有了人气，形成了很多村落。751年，朝廷将这一片圈出来设为华亭县，松江地区开始有了自己独立的县治。

上海大部分农田由湖沼、苇地开垦而成。

有了"上海"这个地名

上海地区位于江南水乡，水源充足，盛产粮食，因此酿酒业一直很发达。北宋时期，朝廷在华亭境内一个叫作上海浦的地方设置酒务，用于征收酒税。慢慢地，上海浦周围形成了热闹的集市。后来，酒务升级为"上海镇"，从此，史书中便出现了"上海"这个地名。

历史小趣闻

上海地区有一条大江叫吴淞江，吴淞江下游有上海浦和下海浦两条支流，最初的酒务机构就设在上海浦岸边。建镇时，因为这个地方滨临上海浦，又地处"海之上洋"，因此被称作上海。而下海浦则随着时间慢慢被人淡忘了。

酒坊：酿酒的作坊。

酒肆：卖酒的酒馆，有酒旗。

酒务：征收酒税的官方机构。

逐渐富庶的滨海县城

随着上海镇持续发展，到了元代，上海镇成为华亭县内最大的集镇。不久后，上海镇从华亭县独立出来，成为上海县，下辖五乡二十六保，与华亭并列，同属于松江府，这是上海正式建城的开始。

繁忙的海运港口

早在隋唐时期，江南地区就是全国的粮仓。到了元代，为了快速、安全地将粮食运往北方，粮船从内河转向海路，上海就成了大规模官粮运输的重要出海港。1277年，朝廷在上海设立市舶司，管理海上贸易。

历史小趣闻

开辟了海运历史的元代官员朱清和张瑄其实最开始是海盗，由于航船技术甚佳，熟悉沿海水情，被元世祖收入朝中为官，二人开创了用沙船走海路运粮到北方的历史。

市舶司：掌管海上贸易的政府机构，是古代城市港口贸易发达的标志。

朱清：负责运粮的官员。

张瑄：负责运粮的官员，开辟了漕粮海运的历史。

沙船：北运粮食的大型船只，因可在水浅沙滩多的航道航行而得名。

棉纺织业的兴起

宋元时期,海水东移,裸露出许多盐碱地。这些地方不适合种粮,于是人们开始种植耐旱抗盐碱的棉花,发展棉纺织业。元贞年间,黄道婆发明改良了纺织工具和技术,在她的推广下,上海乃至整个江南的棉纺织业逐步兴起,她也因此被后人尊为"棉神"。

乌泥泾被:黄道婆创制的棉织物的新品种,因产自乌泥泾而得名。

黄道婆:元代著名的纺织专家,上海松江乌泥泾人。

三锭脚踏纺车:黄道婆改良的用来织棉布的工具。

历史小百科

上海设县后,为了行船方便一直没有修筑城墙,古代修城墙主要是为了御敌,但上海人常年穿行于凶险的风浪中,敢于冒险,因而两百年来,上海都是一座不设城墙的城市。

商业繁华的江南重镇

明代,上海周围的江河经过治理之后变得十分宽阔,航运条件得到极大改善。清代中期,朝廷的海禁政策渐渐松动,不再禁止民间出海贸易,沿海地区从而兴盛起来。此时的上海吸引了四面八方的人口涌入,变成了不折不扣的商业港城。

沙船的世界

明清时期,沙船航运业和棉纺织业成为上海的支柱产业,南来北往的货船都在上海转运,码头上停满了沙船,巨大的货栈占据了整个河岸,沙船业带动了整个城市的繁荣。

前来上海贩卖盐和竹子的徽商。

酒坊小厮正在招揽下船的水手和客商。

从广东来的商船在这里停靠休息。

历史小百科

明清时期,上海松江的百姓多以织布为生。松江布质地精良,物美价廉,在全国广受欢迎,上海棉布产量巨大,有"衣被天下"之称。

五方杂处的商业城

繁华的上海吸引了许多人前来定居，有江南地区的名门望族，也有无处可去的流民，但最多的还是从各地奔来做生意的客商，一时之间上海城人口激增，万商云集，不同地区的文化在这里交汇，给整个城市带来了巨大的活力。

商船会馆：上海沙船行业组织。

豆市：上海豆制品交易市场。

销售豆麦米油的豆麦行。

贩运棉布的秦晋商人。

历史小百科

明清时期，上海的外地商人数量庞大。在异地的同乡或同业商人便抱团取暖，形成组织，维护自己的利益。这些同乡团体设置的机构叫作会馆或者公所。

近代前夕，上海已有"江海通津、东南都会"之称，优良的港湾条件和崇尚商业的社会环境，决定了这座城市将在不久以后迎来巨变。

近代上海

清朝末年，中国被卷入全球化的进程，对外接连战败后被迫与海外各国交流通商。1842年，清政府被迫与英国签订《南京条约》，西方列强看中了上海潜在的航运优势，将其列为五个对外通商的口岸城市之一。1843年，上海正式开埠，从此城市发生巨变。

沪北西人竹枝词（节选）

[清]袁祖志

租界鱼鳞历国分，洋房楼阁入氤氲。
地皮万丈原无尽，填取申江一片云。

诗人袁祖志是清代文学家袁枚之孙。申江即黄浦江，上海开埠后，洋人在黄浦江岸瓜分土地，建立租界，晚清诗人用"竹枝词"这一系列风土诗歌，来记录上海租界发生的惊天变化。

迅速崛起的外贸港口

上海位于中国南北海岸线的中点，连接了外海与长江，交通地位非常特殊。开埠以前，上海就已经是国内重要的转运港口。开埠以后，上海的交通优势被发挥到了极致，港口地位飞升。

江海北关：征收关税的机构。

旗昌洋行：著名远东美资商行，有"鸦片大王"之称。

通江入海的黄浦江

上海对外通商以后，经由上海黄浦江，货船能够从南方沿海直达长江内陆而不用绕远，这条航道由此成了西方商人的"黄金水道"，上海也因此成了"黄金港口"。

历史小趣闻

上海有吴淞江和黄浦江两条母亲河，最开始黄浦江是吴淞江的支流，经过几百年的河流变化，明清时期，黄浦江渐渐变宽形成了大江，吴淞江反而成了黄浦江的支流。

码头上，人们正在搬运鸦片箱和白银箱。

对外贸易腾飞

凭借着交通优势,江南地区的丝绸、茶叶通过上海更加便捷地被运往海外,而鸦片等洋货则从上海直销到内陆。不久,上海就取代广州成了全国对外贸易的中心。

历史小百科

最初,外国商品在中国没有销路,但中国的茶叶和丝制品却在西方销量巨大。后来西方列强通过贩卖鸦片从中国获取了巨大的财富,但鸦片却给中国人带来了深重的灾难。

飞剪船:速度很快的一种风帆货船,多用于运载鸦片和白银。

玛丽·伍德号:大英轮船公司的货船。

洋人在上海的居留地

英国人进入上海后,看中黄浦江以西一带的荒地,企图通过购买的方式永久占有这块土地。这一要求遭到拒绝后,英国人转而通过永租的方式获得了这块土地。经过近两年的谈判,英国人诱使上海政府订立了《上海土地章程》,同意外国人在划定区域内租地造房、贸易往来。此后数年,英国、美国、法国通过武力恫吓等方式不断扩大的租地区域,逐渐演变成租界。

从西方"搬来"的小镇

租界设立后,洋人开始大兴建设,黄浦江岸很快就立起各式洋楼,呈现出一派欧式街道的风貌。租界就像是洋人凭空搬来的一座小镇,与老县城形成了巨大的反差。

历史小百科

租界建立之初,治安管理权仍然归上海地方政府,租方每年都缴纳租金,土地主权仍属于中国,租界并不等同于殖民地。

道路码头委员会：租界早期的市政管理机构，主要负责公共码头和道路的建设。

租界的道路两旁有下水道等公共设施。

租界内正在铺设新式道路，进行绿化。

井水不犯河水

按照最初签订的租地协议，华洋必须分开居住。这样一来，租界在北边，老县城在南边，井水不犯河水，上海的城市重心依然在县城。这一时期，租界里总共才不到两千人居住，没有很大的发展。

华洋杂处的城市格局

1853年，上海县城发生武装起义，大批县民逃难进入了租界。同时，太平天国运动爆发，江南局势巨变，江南人口大量涌入上海，租界人口暴涨，上海的城市重心一下从县城转到了租界，进入了华洋杂居的时代。

租界变成了"国中之国"

在中方未参加的情况下，各国领事自行通过修改后的章程，将原来的道路码头委员会改组为工部局，组建巡捕房，从此工部局成了租界的最高市政机构。从此，中国政府丧失了租界内的行政权、司法权等权利，租界从洋人的居留地逐渐变成了由列强统治的"国中之国"。

历史小百科

1863年，英美租界合并为公共租界，与法租界、华界三界各有各的行政机构，上海出现了"一城三治"的奇怪格局。直到19世纪40年代，这一独特的市政格局才结束。

洋人趁乱出租房屋收取高昂租金。

难民住在路边临时搭建的棚屋中。

历史小趣闻

华洋杂处使中外交流增多，一些略懂英语的游民发现商机，当起了翻译，由于经常在洋泾浜一带的马路上活动，他们被称作"露天通事"，他们所讲的不正宗的英语则被称作"洋泾浜英语"（如：谢谢说成"生克油"，教师说成"铁车儿"）。

弄堂就此诞生了

战乱期间，租界难民住在简陋的木板房里，战乱一结束，洋人开始大量建造房屋出售，牟取暴利，这些建筑中西结合，楼栋之间密度很大，只留一条狭窄的小巷通行，这种特有的民居形式就叫弄堂。弄堂里诞生了上海最早的市民群体。

石库门建筑：中西结合的上海特色建筑，门框是西式石头浮雕，门扇是中式木门。

走向现代化的城市

19世纪末，除了避乱的中国居民，世界各地的外国人也开始纷纷涌向上海，上海成为东方极为热闹的一座城市，吸收着世界各国的文明成果，大步迈向现代化。

领先的城市基建

当时，上海的城市建设例如水电、道路等几乎都沿用了西方的先进技术，上海市民早早就用上了自来水、电灯等现代发明。路面上行驶着各种新鲜的交通工具，为了通行顺畅，工部局还颁布了一系列交通规则，城市生活逐渐走向现代化。

徐家汇天主堂：中国著名的天主教堂，曾有"远东第一大教堂"之称。

1908年，上海第一条有轨电车线路通车。

历史小百科

从1860年到1925年，租界开始侵占土地，非法越界修路，为了方便记住租界路名，租界用中国的省份、城市或者河流来取名，例如四川路、南京路、吴淞路等。

近代军工厂的摇篮

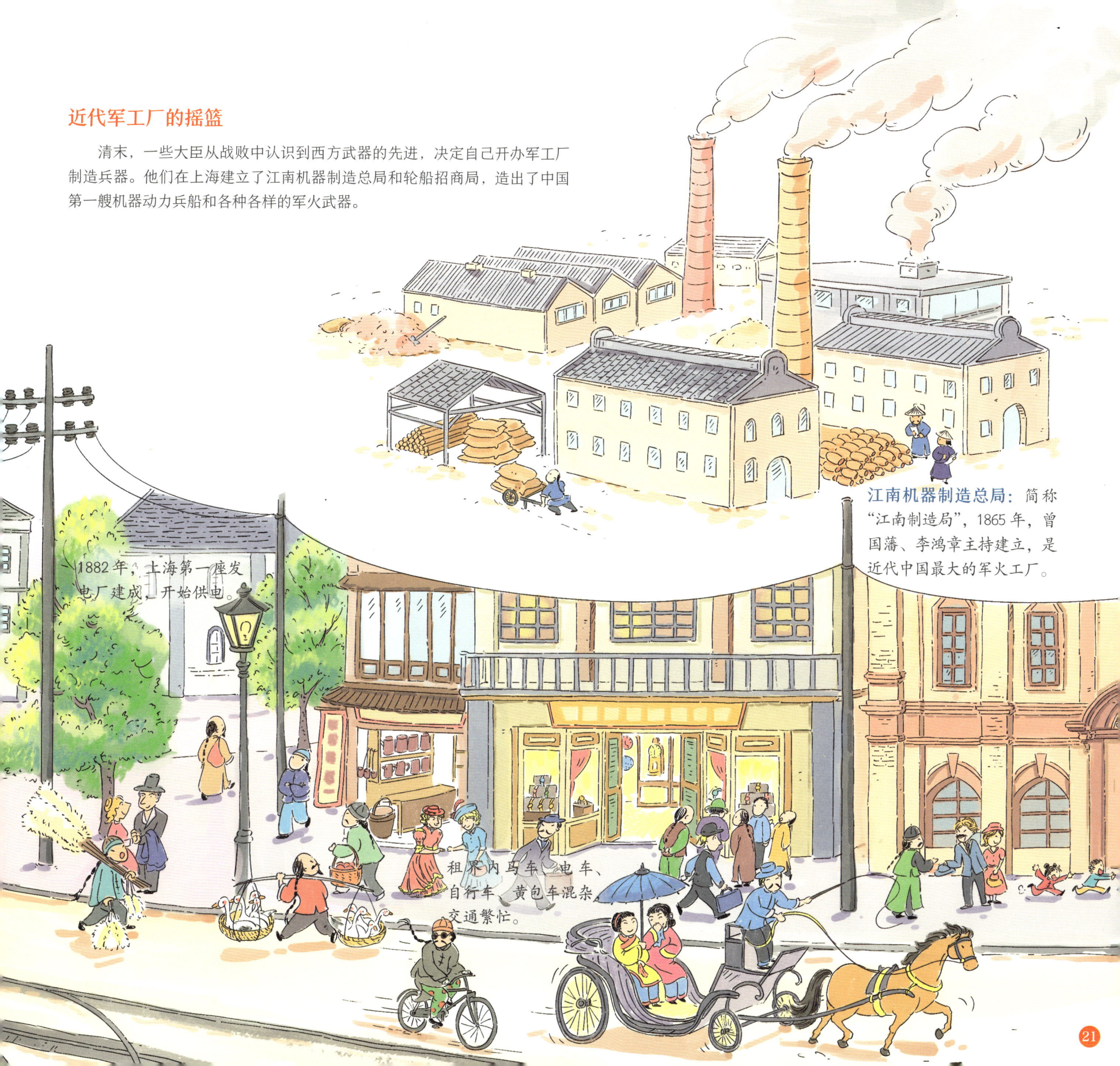

清末，一些大臣从战败中认识到西方武器的先进，决定自己开办军工厂制造兵器。他们在上海建立了江南机器制造总局和轮船招商局，造出了中国第一艘机器动力兵船和各种各样的军火武器。

江南机器制造总局：简称"江南制造局"，1865年，曾国藩、李鸿章主持建立，是近代中国最大的军火工厂。

1882年，上海第一座发电厂建成，开始供电。

租界内马车、电车、自行车、黄包车混杂，交通繁忙。

西方文化的传播中心

清末,政府鼓励学习西方思想,西方的文化思潮开始在中国广泛传播。上海成为西学传播的窗口,新式文化教育的繁荣也让上海成为当时全国人才的培养之地和文化交流中心。

西书翻译第一站

西学输入中国,多半著作都是通过上海的译书馆翻译出版,再输送至全国各地,这些译书馆也培养出了中国最早一代的翻译家。

江南制造局翻译馆: 晚清历时最久、译书最多的官方翻译机构。

傅兰雅: 英国传教士,江南制造局翻译馆的骨干。

徐寿: 清末著名科学家,江南制造局翻译馆的创始人之一。

历史小百科

1869年,江南制造局并入一所语言学校,名为广方言馆。有一段时间,教室就设在翻译馆楼下,任教的老师就是翻译馆的学士。最初广方言馆招的学生不多,年龄均在14岁以下,可免费住馆就读,馆方还每日发放伙食费。

新式学校遍地开花

晚清时期，上海出现了各种新式学校，有外国人创办的全英文学校，也有中国人创办的语言学校和理工学校，还有大量女子学校出现。这些学校不仅教授文化知识，对于体育也格外重视，还设有很多实践内容，女校还会开设纺织、烹饪、园艺等实用课程。

历史小趣闻

有意思的是，纯西式学校最早在上海出现时，并没有立马受到欢迎，那时就读于西式学校的学生多是难童和穷人的孩子。

南洋公学：交通大学前身，是中国最早兼有师范、小学、中学和大学这一完整教育体系的学校。

1911年，随着清政府的覆灭，上海脱离了清政府的统治，然而富裕的上海地区很快又沦为苏浙两省军阀的争抢之地。

民国
上海

1912年，中华民国成立。民国时期的上海经济欣欣向荣。1927年，上海特别市成立，独立于其他省份，成为举足轻重的大城市。然而好景不长，1937年，上海被日本侵略军占领，城市发展停滞，直到抗战结束。

沪北十景（节选）

[近代] 薪翘

电火千枝铁管连，最宜舞馆与歌筵。
紫明供奉今休羡，彻夜浑如不夜天。

这首诗描写了晚清民初上海城灯火通明、喧嚣热闹的夜市景象。那时的上海经济繁荣、娱乐业十分发达，有"不夜城"之称。在很多民国作品中都能看到关于夜上海的描写，灯红酒绿、霓虹闪烁几乎成了民国上海的一个代表意象。

工商繁荣的民国初期

20世纪初期，西方国家忙于第一次世界大战，暂时放松了对中国的控制。上海大批民族企业趁此期间迅猛生长。1912年至1927年间，上海开设华人工厂近500家、华资银行45家，许多民国时期的大富豪正是由此发迹。

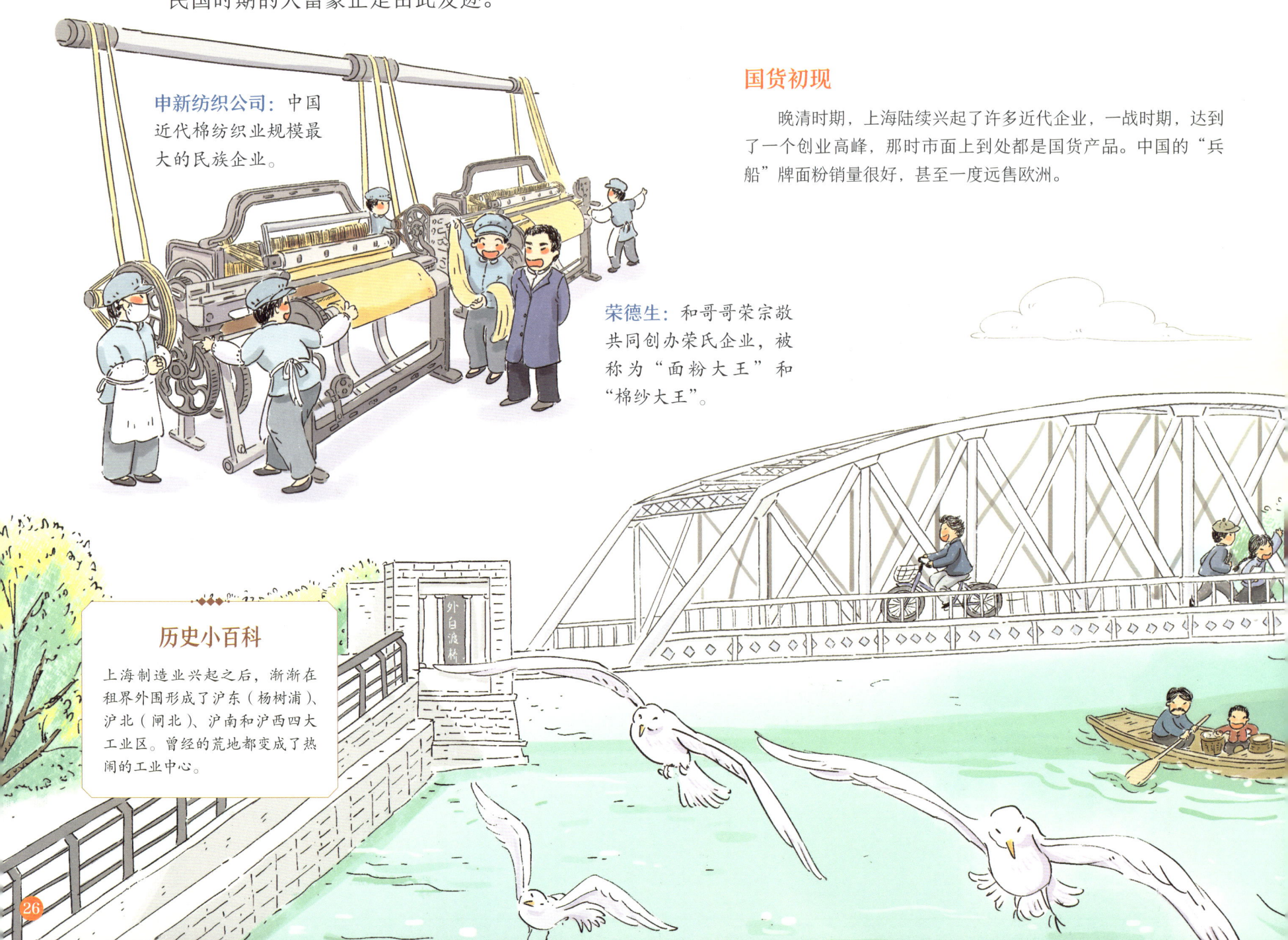

申新纺织公司： 中国近代棉纺织业规模最大的民族企业。

国货初现

晚清时期，上海陆续兴起了许多近代企业，一战时期，达到了一个创业高峰，那时市面上到处都是国货产品。中国的"兵船"牌面粉销量很好，甚至一度远售欧洲。

荣德生： 和哥哥荣宗敬共同创办荣氏企业，被称为"面粉大王"和"棉纱大王"。

历史小百科

上海制造业兴起之后，渐渐在租界外围形成了沪东（杨树浦）、沪北（闸北）、沪南和沪西四大工业区。曾经的荒地都变成了热闹的工业中心。

外滩边的金融区

外滩原为上海县城外的滩涂。上海开埠后,外国人在黄浦江西岸相继建成各式洋楼,形成了一个外资金融区,这些大楼汇集了当时各个国家的建筑风貌,也因此成为上海的地标风景线。

外白渡桥: 上海第一座钢铁结构的桥,也是现在外滩金融区的起点。

多姿多彩的娱乐生活

随着城市居民不断增加，民国时期上海诞生了许多城市新型娱乐。有趣的彩色画报和通俗小说在这时涌现，西方传入的话剧、电影行业开始萌芽，各种传统戏曲也在上海汇聚一堂，上海成了一座文艺娱乐大本营。

滋润的市民生活

民国时期的上海市民，闲暇时可以去戏园喝茶听戏，去舞厅喝酒跳舞，去跑马场看赛马比赛，刮风下雨时还能去室内游乐场或电影院打发时间，娱乐生活非常丰富。

百乐门：民国时，上海著名的综合性娱乐场所。

周璇：民国著名电影演员、歌唱家，以唱救国进步歌曲闻名。

跳交谊舞是民国时期非常流行的社交方式之一。

中国电影发祥地

20 世纪 20 年代，上海出现了本土电影公司。早期电影没什么剧情，主要是西人杂技魔术表演，后来他们尝试拍摄中国人自己的故事，才开始广受好评。这时期，国产电影几乎都在上海生产。

历史小趣闻

民国时期，上海的通俗小说发展很快，题材有社会、言情、武侠、侦探、历史等。《海上奇书》是最早一种图文并茂的文学刊物，虽然只出了 15 期，但刊载了许多奇文故事，比如林嗣环的《口技》，后来还入选了中国语文课本。

郑正秋：民国著名的电影编剧、导演。

兰心戏院：上海第一座西式剧场。

风雷激荡的工人城市

20世纪二三十年代，上海已经是闻名世界的"远东第一大城市"，然而中国却笼罩在内忧外患的阴云之下。很多立志救国的进步分子聚集在上海，想要为积贫积弱的中国寻找一条出路。

历史小百科

1919年5月4日，北京爆发了一场以青年学生为主的爱国运动。消息传到上海，工人阶级发起了"六五"政治大罢工，投入反帝爱国斗争的行列。此时，五四运动的中心由北京转到了上海，主力由学生转变为工人。

觉醒的工人

到1920年，上海的工人数量已占据全国工人的五分之一，然而工人们的生活和待遇却很糟糕，城市贫富差距悬殊。在沉重的压迫下，上海的工人开始联合起来反抗斗争，争取自己的权益。

工人们居住在郊区的平房和棚户中，条件艰苦。

马克思主义思想的传播窗口

上海是最开始传播马克思主义思想的地区，五四运动前后，马克思主义思想在我国成为新潮，上海成了中国共产主义出版事业的活动中心，中国共产党在这儿建立了最早的红色印刷机构，翻译出版了《共产党宣言》。

历史小百科

1915年，陈独秀在上海创办《新青年》，宣传"民主、科学"的观念，影响了整整一代革命者，许多名人都曾在上面发表过文章，比如鲁迅、胡适、毛泽东等。20世纪20年代后，《新青年》转变为宣传马克思主义思想的刊物。

知识分子在工厂前宣讲马克思主义思想。

学生们在分发反抗军阀政府的传单。

曙光在这里诞生

随着中国工人运动影响的扩大，陈独秀、李大钊等知识分子受到俄国十月革命的启发，萌发了建立中国共产党的愿望，上海成为首选城市。1920年年初，他们开始酝酿建党。

星星之火开始点亮

1920年夏天，中国共产党上海发起组成立，他们将《新青年》作为共产党的机关刊物，培养青年干部，并组织创立了社会主义青年团，此后青年团开始扩散到北京、广州、武汉等地，星星之火开始燎原。

外国语学社：早期培养共产主义干部的学校，位于上海原法租界新渔阳里6号。

红日破晓

1921年，中国共产党在上海召开第一次全国代表大会，参会的人包括13个党代表和共产国际的两个代表，大会通过的党的纲领，确定了党的名称为"中国共产党"。大会选举出了党的中央领导机构，开天辟地的救国事业由此展开。

一大会址：上海原法租界望志路106号。

历史小趣闻

中国共产党第一次全国代表大会是在上海租界一所石库门民居里秘密召开的。为了躲避当局搜查，大会后来转移到了浙江嘉兴的一艘游船上继续举行。

被战火洗礼的上海

　　1937年7月7日,日本侵略者在河北宛平(今并入北京)卢沟桥制造事端,全面入侵,意图三个月内速战速决灭亡中国。8月13日,战火蔓延至上海,淞沪会战爆发,上海成为中国开始正面对抗日军的第一个战场,这场会战也是抗日战争中规模最大、时间最持久的战役之一。

上海的黑暗时刻

　　淞沪会战打了三个月,战况惨烈,中国军人伤亡约25万,最终还是失守,无数市民在炮火中丧生,2200多家工厂毁于一旦,大批企业、学校向中西部迁移,许多文化精英纷纷离沪。不久后,太平洋战争爆发,连租界也落入日军手里。

历史小百科

淞沪会战尾声,国民党五二四团团副谢晋元坚守上海四行仓库,掩护大部队向后方撤退。他率四百多人坚守了四天四夜,他们从一开始就下了必死的决心要和日军作战到底,四行仓库成了上海最后的堡垒。

终于迎来了光明

经过中国军民的浴血奋战，抗日战争迎来胜利，上海一度恢复了生机，不过很快又陷入了经济萧条。随后解放战争开始。1949年5月27日，上海解放，这座城市终于结束了多年的动乱，黄浦江上曙光重现。

历史小百科

抗战初期，租界并未被日军侵占。1941年日本与英美宣战，日军攻占了租界。1943年，为了拉拢中国一同抗日，英美等国将租界归还给中国，上海的租界时代终于结束了。

现代
上海

1949年，中华人民共和国成立，上海也结束了百年的混乱格局，进入全新的发展时期。新时期的上海成为共和国的工业基地，依靠着近代工业经验，生产出一系列中国从未有过的重工产品。20世纪五六十年代，上海制造的生活用品更是风靡全国。改革开放以后，中国重新在上海发展国际金融业，上海的经济开始腾飞。

春秋来信（节选）

[现代] 张枣

云朵，砌建着上海。
我心中一幅蓝图，
正等着增砖添瓦。

诗人张枣生活在上海期间，正处于中国高速发展的时期，都市化建设正如火如荼地在上海进行着，在诗人的笔下，都市建设的场景脱离了沉甸甸的质感，呈现出轻快的氛围，充满着对未来上海的希望和信心。

共和国的工业基地

在新中国的建设布局里，上海被定位成工业基地，为此，整座城市几乎放弃了过去发达的金融贸易行业，转变成了工业城市，在中国的艰难时期向全国输送了各种各样的工业成果。

变成了重工业城市

建国初期，为了建立起中国独立的工业体系，上海开始拼命发展过去薄弱的重工业，城市周边新建了很多大工厂，工人们接连造出许多过去没有的重型机械，创造出很多工业奇迹。

上海重型机器厂：中国东南地区最大的重型机械制造厂和铸锻中心。

中国第一台万吨级水压机：可以把300吨重的钢块像揉面一样锻压成各种形状的机器零件。

历史小百科

中国第一台万吨水压机是由上海重型机器厂、江南造船厂等几十个工厂合作制造的，制成后，美国记者埃德加·斯诺前来参观时，将锻压钢锭的场面拍成了电影。

那些年的"上海制造"

20世纪五六十年代,上海还是全国重要的轻工业基地,为全国人民生产了各种各样的日用品和食品:永久自行车、回力球鞋、白猫洗洁精、大白兔奶糖……

这些"上海制造"享誉全国,代表着那个年代的生活品质和时尚。

新旧并存的现代城市

20世纪70年代末，中国决定主动与世界接轨，上海再次成为对外开放的城市之一。20世纪90年代政府决定开发黄浦江东岸，在上海重新发展国际金融业，于是一栋栋高楼拔地而起，上海又发生了翻天覆地的变化。

"东方明珠"广播电视塔：塔高468米，集都市观光、广播电视信号发射等功能于一体的上海地标建筑。

建成了世界金融城

黄浦江东岸的陆家嘴，原本是清末的老码头、轮渡口，20世纪90年代，这里修建起一栋栋摩天大楼，银行大楼、证券大厦等，近千家中外金融机构在这里汇集，使陆家嘴成为国际一流的金融中心。

历史小百科

历史上陆姓是上海大姓，也是江南的望族。明代，陆家后人陆深辞官隐退故乡，在黄浦江岸建造了私家花园，后来陆深去世葬于花园的嘴角之地。因为陆深的故园和墓地，后人便把这里叫作陆家嘴。

"东方明珠"塔的诞生

为了树立崭新的城市形象，1994年，上海"东方明珠"广播电视塔建成。球体和圆柱体组合的建筑，再现了《琵琶行》中"大珠小珠落玉盘"的意境，把现代特色和江南艺术情致结合在了一起。明珠塔成为上海的新地标，也是上海市对外宣传的重要窗口。

上海中心大厦：建筑总高度632米，是目前已建成项目中中国第一、世界第三高楼，采用了巨龙腾飞的造型理念。

上海环球金融中心：世界最高的平顶式大楼，楼高492米。

金茂大厦：总高度420.5米，是我国第一座超高层大厦，塔身呈古塔形。

历史小百科

法租界范围大致相当于今徐汇区核心区域，这里的花园洋房、旧式豪华公寓数量居全市之首，几乎聚集了19世纪欧美流行的各种建筑风格，和外滩一样，也是名副其实的"万国建筑博览会"。

当代 上海

外滩边还遗留着租界时代的历史痕迹，从浦东崛起的金融城则标志着上海的新生。在西方文明的浸染下，欧洲异国情调与江南水乡的韵味并存于这座城市中，开放包容的城市精神吸引着新一代年轻人不断涌入，推动着这座城市继续走向更美好的未来。

43

上海的城隍庙

中国传统文化中，城隍是城市的守护神，城隍庙里供奉着被当作守护神的本土杰出人物，寄托了百姓寻求神灵庇佑一方的愿望。在上海这座极具现代化的城市里，城隍庙难得地保留了江南园林的古朴气质，历经六百年的沧桑，见证着上海的历史变迁。

1 元代，上海从华亭县独立出来建县，当时县内并未修建自己的城隍庙，故人们多至城郊的淡井庙去祭拜城隍，这是上海县城最早的城隍庙，后来人们把它叫作老城隍。

2 明代，由于老城隍远在县郊，祭祀出行多有不便，于是知县将城内的金山神祠改建为城隍庙。作为海滨城市，当地人祭拜城隍，多为祈求来往舟船受到保佑，上海城隍庙兼具护海的功能。

3 清代中叶，县府在城隍庙东侧兴建了漂亮的江南园林，之后县里的士族富商又将隔壁潘家废园（即豫园）购下，辟为西园，归入城隍庙。许多商人团体在西园设下会馆，将其作为议事办公的场所。

4 晚清，城隍庙辟出西园的部分租给商户，由此渐渐形成了热闹的集市，逢年过节，商贩云集，人们纷纷来此烧香、赏花、看戏、游览，城隍庙会成了上海重要的民俗活动。

豫园

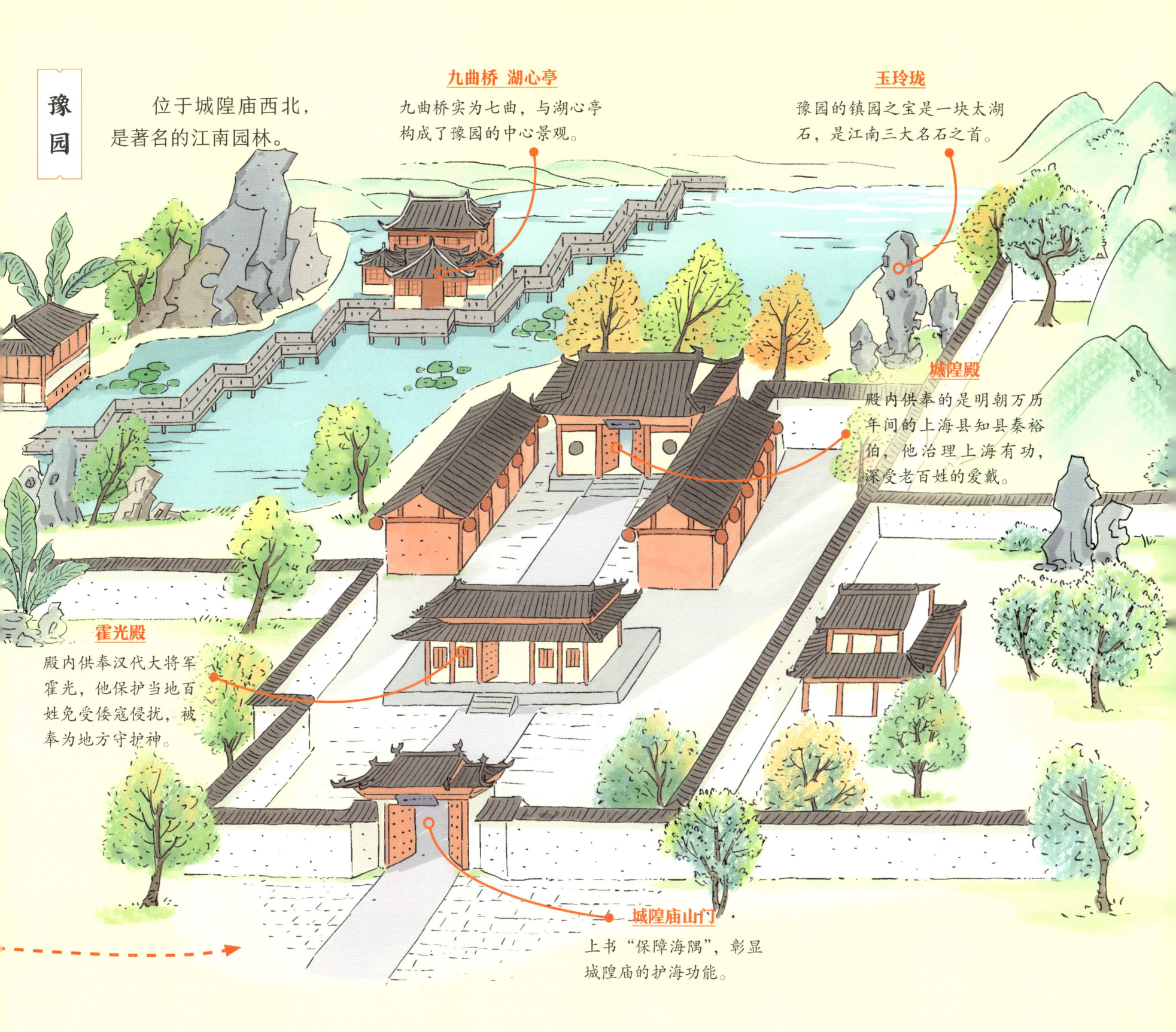

位于城隍庙西北,是著名的江南园林。

九曲桥 湖心亭
九曲桥实为七曲,与湖心亭构成了豫园的中心景观。

玉玲珑
豫园的镇园之宝是一块太湖石,是江南三大名石之首。

城隍殿
殿内供奉的是明朝万历年间的上海县知县秦裕伯,他治理上海有功,深受老百姓的爱戴。

霍光殿
殿内供奉汉代大将军霍光,他保护当地百姓免受倭寇侵扰,被奉为地方守护神。

城隍庙山门
上书"保障海隅",彰显城隍庙的护海功能。

游古诗词里的上海

长桥驾彩虹，往来便市井。日中交易还，斜阳乱人影。
——［清］邵珍

放生桥位于上海朱家角古镇，是上海地区现存最大的一座5孔石拱桥，由明代僧人募建，是"江南十大名镇"中唯一的大型古桥。

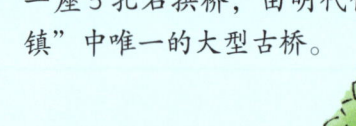

放生桥

龙华寺

今市犹存古刹名，草桥霜滑有人行。
——［唐］皮日休

相传龙华寺始建于三国时期，是上海的佛教名刹，历史上高僧辈出，在佛教弟子中负有盛名，龙华寺位于现在上海徐汇区龙华街道。龙华寺晚钟是旧时上海胜景之一。

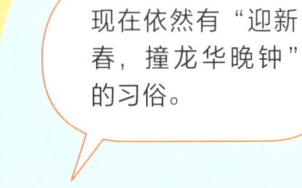

现在依然有"迎新春，撞龙华晚钟"的习俗。

淀山湖

疏星残月尚朦胧，闲趁烟波一棹风。
——［宋］卫泾

淀山湖，又名薛淀湖，有6000年的历史，因地壳运动沉陷成湖，位于上海西部，历来是水上的交通要道，湖景秀丽，古代很多文人雅士都曾到此一游，留下了不少诗篇。

老鱼无守随上下，阁向沧洲空怨泣。
——［北宋］梅尧臣

青龙镇曾是唐宋时期上海地区贸易最盛的港镇，后来因交通地理变迁衰落了。青龙塔为镇内标志性建筑，是古人为祈求航运平安所建，也被当时的航船当作导航塔，它是上海现存最古老的塔，现位于上海青浦区。

青龙塔

大境阁

渡口楼头等塔顶，沪城八景费诗笺
——［清］秦荣光

大境阁为上海县城老城楼，阁内供奉月下老人，古时上海人成婚择吉都要来此祭拜。大境阁视野极佳，下雪时人们登阁望江，可以看到被誉为旧时沪城八景之一的"江皋霁雪"。

华亭鹤

仙骨珊珊万里翔，一声长唳入青苍
——［清］李林松

历史上的上海地区是仙鹤的主要栖息地，书中留下了很多关于鹤的佳话。上海地区旧称"华亭"，鹤也被叫作"华亭鹤"，如今上海地区还有很多与鹤有关的地名：白鹤镇、放鹤桥、鹤坡路……

醉白池

小憩桐阴坐曲廊，一规镜槛绿泱泱。
——［清］黄之隽

醉白池是上海松江区的一座明代园林，园子以一泓池水为主，池上建堂名曰"醉白"，表达了园主"沉醉于白居易诗镜"的喜好，此园也因此名为"醉白池"。

创作团队

段张取艺文化工作室成立于2011年，扎根童书领域多年，致力于用优秀的专业能力和丰富的想象力打造精品图书，已出版300多本少儿图书。主要作品有《逗逗镇的成语故事》《古代人的一天》《西游漫游记》《神仙的一天》《拼音真好玩》《文言文太容易啦》等一系列图书，版权输出至多个国家和地区。其中《皇帝的一天》入选"中国小学生分级阅读书目"（2020年版）、入围2020年深圳读书月"年度十大童书"。

出品人：段颖婷
创意策划：张卓明 段颖婷
项目统筹：王黎
文字编创：刘姝言
插图绘制：李丹 周迎新 李师斯 李勇志

参考书目

《近代上海城市研究》，张仲礼主编，上海文艺出版社

《上海通志》，上海通志编纂委员会编，上海人民出版社，上海社会科学院出版社

《上海通史》，熊月之主编，上海人民出版社

《光明的摇篮》，熊月之著，上海人民出版社

《中国共产党的一百年》，中共中央党史和文献研究院著，中共党史出版社

《上海六千年》，上海市地方志办公室主编，仲富兰著，上海人民出版社

《上海小史》，仲富兰著，上海书店出版社

《边缘缔造中心——历史视域中的上海与江南》，周武著，上海人民出版社，上海书店出版社

《上海旧影》，侯燕军编著，上海人民美术出版社

《上海洋场竹枝词》，顾炳权编著，上海书店出版社

《松江简史》，何惠明著，上海辞书出版社

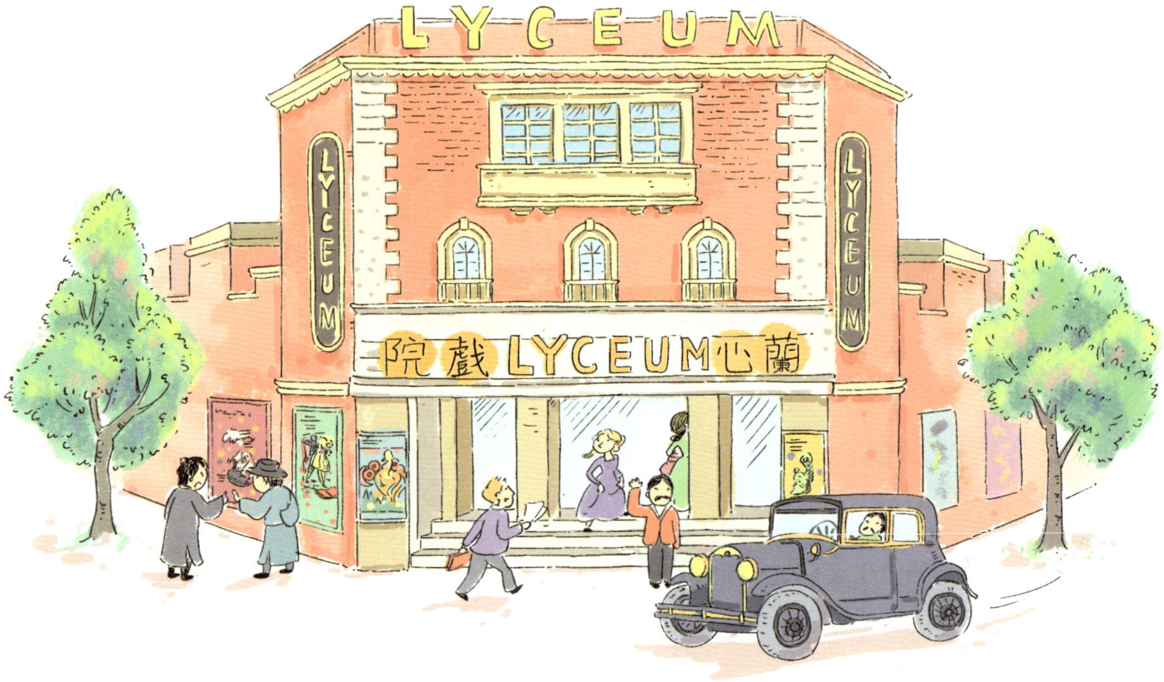
LYCEUM
LYCEUM
LYCEUM
院戲LYCEUM心蘭